FRANCESCO PRIMERANO

Il magico viaggio Pop♫Rock

dai Rolling Stones a Michael Jackson

The best Pop♫Rock Collection

Youcanprint Self-Publishing

Titolo | *Il magico viaggio Pop – Rock... dai Rolling Stones a Michael Jackson*
Autore | *Francesco Primerano*
ISBN | *978-88-91156-30-3*

Youcanprint Self-Publishing

*Alla **Musica Pop♪♫Rock** e all'**Arte** nel loro splendore*

*Ai **Rolling Stones** (Autentica Istituzione del **Rock** e a*

più di 50 anni dal loro esordio)

*A **Michael Jackson** (L'indiscusso Re del **Pop** e a 5 anni*

dalla sua misteriosa scomparsa)

*Ai grandi protagonisti dello scenario **Pop♪♫Rock***
mondiale

*Ai grandi **Valori** e **Simboli** che hanno lasciato un*
importante segno nella nostra Esistenza..

Le note e le pagine Pop♫Rock dai colori

più svariati, dalle forme e dai contenuti

più invitanti, si aprono, si sfogliano, si

leggono, si amano e poi si chiudono con

la speranza e il desiderio di rileggerle

nuovamente, con la stessa passione che si

era presentata inizialmente.

Francesco Primerano

INDICE

U2
50 Years of Rock
MUSE

INTRODUZIONE

Chi non ha mai collezionato dischi dei Queen, Beatles o dei Rolling Stones?

Chi non ha mai assistito a qualche concerto di Vasco Rossi o Ligabue!?

Chi non ha mai seguito i live di gruppi storici o emergenti Pop & Rock!?

Chi non ha mai ascoltato nell'arco della propria vita i brani delle leggende della Pop♪♫Rock Music mondiale!?

Chi non hai mai desiderato di incontrare Cindy Lauper, Madonna o Shania Twain!?

A tutto ciò si può trovare una valida risposta nei milioni di fans ed esperti musicali sparsi per tutto il pianeta.

Si incontrano diverse facce e colori di ogni tipo sulle strade della Musica Pop♫ Rock, del Collezionismo e di giovani seguaci di questi fenomeni culturali che hanno cambiato e segnato per sempre la nostra esistenza. Si può notare un favoloso pantheon di Stars da seguire, un firmamento deciso di miti senza tempo, dalle note dei Beatles a quelle dei Rolling Stones, dal suono dei Queen a quello dei Pink Floyd, dai concerti di Vasco Rossi a quelli di Ligabue, dalla voce di Michael Jackson a quella di George Michael, dal mito di John Lennon a quello di Freddie Mercury, dalla grinta di Madonna alla grazia di Whitney Houston, dalla genialità dei Radiohead a quella dei Muse, dal Rock di Piero Pelù al Pop di

Jovanotti. Questo è il leggendario mondo della Pop♫Rock Generation, dei veri collezionisti, degli abili equilibristi e di chi sa apprezzare tutto ciò che è Musica, quella Musica che da sempre governa ed accompagna le nostre meravigliose vite da eterni curiosi della bellezza.

Questo è sostanzialmente il più grande spettacolo Pop♫Rock che abbiamo avuto il piacere di conoscere ed ammirare nei percorsi musicali della nostra esistenza ed il più lungo viaggio musicale, dal

Rock dei Rolling Stones al Pop di Michael Jackson, dai mitici Queen ai giovani talenti Muse, dal rocker Vasco Rossi all'eterno ragazzo pop/rapper Jovanotti.

Si tratta di diari di viaggio, di riflessioni di altri tempi e di antologie che raggiunsero le vette delle classifiche di tutto il pianeta. In sostanza si vuol celebrare la Musica Pop♪♫Rock (dagli esordi ai giorni nostri) in tutte le sue sfumature ed in tutto il suo splendore e si riuscirà nell'intento, toccando il cuore

e l'anima della gente che l'ha sempre

ammirata e seguita fino in fondo.

PRIMO CAPITOLO

L'avvento della Musica Pop♪♫Rock

nel panorama culturale mondiale

La libertà di parola e quella sessuale, il Rock'n'roll, le proteste contro le guerre, la moda Pop♫Rock, il potere della beat generation, le rivolte razziali sono eventi che hanno influenzato la cultura musicale ed artistica di ogni epoca.

Il fenomeno della Pop♫Rock Music ha visto nell'arco degli anni il sorgere di nuovi locali da ballo ed ha conosciuto una rapida e folgorante diffusione di immagini, di colori e di grandi scenari.

*Il panorama musicale degli anni 60'e 70'
assiste ai vari cambiamenti di tendenza,
passando da un tipo di suono
underground e profondo ad un genere di
sound più inquieto: si assistono a leggere
trasgressioni, a ballate country-pop, a
batterie che emettono le loro interessanti
allucinazioni. Cultori di suoni duri e di
musiche impietose sfondano finalmente i
muri di divisione creati dalla mancanza
di cultura e di costume. Liberi e
illuminati abitanti del pianeta si fanno*

padroni del loro corpo e della loro mente ed i giovani sono sempre più insofferenti alle restrizioni.

Celebrazioni delle arti e di ciò che risulta creativo ad ogni individuo, affreschi grandiosi delle stagioni artistiche di ogni tempo, intrattenimenti notturni, sono tutti ingredienti che possono interessare l'essenza della musica Pop♪ ♫Rock e tutto ciò che gli sta intorno.

Kurt
Cobain
Nevermind
BEATLES

SECONDO CAPITOLO

Sulle magiche note

della Pop♪♫Rock generation

Appassionati di collezioni fuori dal tempo vanno in fermento per le leggende del rock anni 60' e 70' come Beatles, Beach boys, Genesis, Bee Gees.

Nell'angolo della stanza di alcuni giovani fans si riescono a scorgere pezzi di una gioventù vissuta, spensierata ed elettrizzante: tra quel raro materiale si riesce a scorgere una musica fuori dalle righe, una musica nuova, una new wave che sembra si avvalesse di rumori e suoni sempre più marcati, invadenti ed arroganti. Si notano anche torme di teen agers che ascoltano brani Pop & Rock dei Muse, Coldplay, Radiohead, Smashing Punpkins, Skunk Anansie, Blur o Green Day, seguendo liberi e propri stili di vita: per loro la musica diventa uno dei migliori ingredienti della serata in compagnia. Nei loro pensieri e nei loro tormenti interiori s'intravedono binari abbandonati sotto i tramonti di allegria, cuori sempre in viaggio e in agguato per abbracciare il giorno. C'è chi considera il mito di John Lennon il vero specchio della sua anima. C'è chi sogna di ritrovarsi nell'isola dei famosi con Madonna, Shania Twain o Anastacia e chi spera di scomparire per sempre dal Pianeta delle illusioni. C'è chi trova la quiete e la solitudine per dipingere tutto ciò che risulta vitale sulle note di AC/DC, Aerosmith o Deep Purple e c'è chi ne viene semplicemente rapito. Ci sono Pop♪♫Rock-band che hanno raggiunto livelli tali da poter modificare le coscienze di intere generazioni: chi mette in scena le armonie del canto, sfiorando la seduzione delle note poetiche e chi canta il sole spento che brucia in fondo all'anima. Molte idee musicali sono già presenti nelle teste di ognuno e vengono concretizzate in capolavori senza tempo. Le cose che vengono prese di mira sono quelle che contano: le musiche innovative e gli impatti culturali che hanno segnato intere epoche. Non si vuole interrompere il flusso di incredibili storie che sono rimaste indelebili nella nostra mente. Poi c'è chi sviluppa nuovi stili e chi preferisce fare parodie e covers di altri artisti, come profonde sequenze di sogni e di speranze. C'è inoltre l'artista musicale che riesce a far coincidere l'estro con gli impegni, le date dei tour con le sue intriganti voglie di emergere.

Francesco Primerano
HO VISTO I
BEATLES VOLARE
THE BEATLES
FORTY WINKS
U2

TERZO CAPITOLO

Le anime Pop♪♫Rock sorridono alla vita

I poeti musicali danno voce al cuore dei nostri pensieri e delle nostre anime in festa. Ci sono esempi di suoni originali e suggestivi: si possono assaporare innesti di musica tradizionale su tessuti puramente Rock e si possono notare musiche contemporanee con armonie più tradizionali, con brani di buon valore chitarristico e con atmosfere emozionanti e profonde. Ci sono dischi che hanno tracciato dei solchi più marcati nella scena giovanile di sempre. S'intravedono manifesti di libertà per l'individuo e si assaporano le geniali opere di artisti come Queen, Led Zeppelin, Beatles, Pink Floyd e Deep Purple. Il loro sound fonde musiche di ogni genere ed aspetti sonori di ogni tipo e riescono ad entrare in maniera sublime all'interno delle nostre vite già raggiunte da odori e sapori di ogni paese del mondo. Si notano ispirazioni melodiche che hanno trovato riscontri positivi in tutto l'universo musicale; si tratta di diari di *viaggio, di riflessioni di altri tempi e di antologie che raggiunsero le vette delle classifiche di tutto il pianeta. Diverse idee musicali iniziano e finiscono in un minuto di grande notorietà; altre, invece, persistono nel tempo concretizzandosi nei migliori capolavori di sempre.*

Nei vari brani musicali si raccontano le angosce spirituali e materiali di persone depresse o di soggetti gloriosi: si possono acciuffare stelle sospese nel cielo e sogni portati via e distrutti dalla guerra.

C'è chi anticipa i tempi diffondendo i primi videoclips della storia e ci sono i fans che ne vengono immediatamente rapiti. C'è il fan turbolento e chi si libera da tutte le maledizioni per raggiungere il paradiso Rock, chi si accontenta di assistere allo spettacolo comodamente da casa e chi preferisce andare personalmente ad un concerto per esistere e per dire finalmente "io c'ero".

Si sentono voci che si perdono nel vento e si riescono a trovare le varie risposte ai

1000 perché di tanti brani scritti per caso da un semplice sconosciuto. Si vedono numerosi fogli scritti e sparpagliati sul pavimento di una stanza vuota ma ricca di umanità, la stanza di un giovane fan pieno di sogni e di speranze. Nei cassetti delle memorie e dei sogni si possono conoscere sirene e delfini alla ricerca della felicità e si raccontano persino strade che saranno le rotte per la via del benessere.

Nelle feste Pop♫Rock si cantano grandi città da scoprire oltre i confini della realtà e gocce di vita circondate da bellezze senza fine e da vere generazioni. Nei vari testi di Bruce Springsteen o degli U2 si affrontano temi di ogni tipo, anche quello politico: "Ogni sistema è una gabbia di rabbie e di ingiustizie perché aumenta le differenze tra chi ha il potere e chi non ha proprio nulla". Nei brani dei Litfiba, Nomadi, Stadio o Pfm si cantano regine di periferia che osservano con occhi di rabbia e con sguardi dipinti dei colori dell'arcobaleno. C'è il fan che vive in fuga dietro strani orgasmi e forti ipocrisie e chi spalanca le porte per combattere ogni realtà distorta, chi gioca con le parole e chi parla da solo o col vento.

John lennon, Beatles, Led Zeppelin, Freddie Mercury, Black Sabbath, R.E.M., Rolling Stones, Pink Floyd, sono alcuni dei tanti Pionieri delle nostre emozioni Rock. Si scrutano dettagli di grande *valore in ogni loro capolavoro musicale: elementi folcloristici e dialettali, meravigliosi paesaggi, evoluzioni di talenti senza tempo. C'è chi abbandona le città per viaggiare senza alcuna meta se non quella dei grandi sogni, quelli di incontrare un giorno David Bowie, Eric Clapton o Leonard Cohen.*

Nel mondo della Pop♫♫Rock generation, si possono scorgere con grande sorpresa le magie di alcuni luoghi senza nome e si vedono bizzarre coppie di artisti in cerca del successo spietato e difficile da raggiungere. Al confine dei loro pensieri si scivola sull'erba dei campi bagnati dal sudore creativo. Ci sono centri sociali impegnati a combattere il sistema: chi aveva anticipato i tempi come Rino Gaetano, Jovanotti, Battisti e Fossati e chi li aveva distrutti definitivamente, chi sopravvive alle sconfitte e chi urla al vento la sua grande gioia di vivere.

Differenti suoni inondano le menti contorte di giovani fans: la musica leggera di Elton John e quella concitata di Ozzy Osbourne, quella ballata di Michael Jackson e quella urlata di Alice Cooper. Si percepiscono visioni tragiche ed esasperate di una realtà che prospetta altre uscite di sicurezza!?

E poi c'è la musica punk dei Clash, Sex Pistols, Ramones, dove ci si incontra per stordirsi e rinunciare ad ogni ipotesi di sopravvivenza. Si creano proiezioni assordanti, al limite del tollerabile e dell'incredibile. Sono presenti ovunque

*personalità marcate dal bisogno
invincibile di fare scandalo.*

QUARTO CAPITOLO

Infiniti viaggi intorno

alla Pop♪♫Rock Music

Tra le Hit dei brani più gettonati di quest'ultimi 50 di Storia musicale sussistono sempre i successi dei Rolling Stones, Beatles, Queen, Doors. Si attraversano epoche musicali di grande spessore e di strepitoso successo. Si assaggiano esecuzioni musicali eccezionali di Michael Jackson, Prince, George Michael, Freddie Mercury che fanno venire i brividi anche alla critica più esigente. Si affrontano sperimentazioni e contaminazioni di *ogni genere e spazi magici di ogni tipo. C'è chi molla tutto per dissolversi nel nulla e ci sono giovani che si scontrano con la musica che risuona in testa. Questi sapranno aspettare i colori che cominceranno veramente a lampeggiare nelle ombre della loro anima!?*

C'è chi raggiunge le vette delle classifiche e chi conosce gli strani modi in cui le tenebre desiderano la luce: ci sono dischi che sono stati realizzati e lanciati con un cuore luccicante ed umile e ce ne sono altri portati alla ribalta con violenza e disgusto.

La massa di sguardi giovanili nota il segno di sdegno per il sistema: alcuni incubi accecano gli occhi del loro animo, una vocina sgraziata in un angolo del loro cervello si sente tra le perdute menti. Le campane suonano a festa per le grandi leggende del Rock come Deep Purple, Black Sabbath, Led Zeppelin. Avventurieri senza scrupoli si tuffano in performances mai viste, bruciando le tracce del nostro cuore e segnando per sempre le vie del nostro animo in tempesta. C'è chi oltrapassa il muro e chi ci sbatte con grande distrazione, c'è chi sente il bisogno di esistere e chi vorrebbe scomparire da ogni faccia del pianeta, segnando le vie dell'umanità: "Ciò che la società non colpisce condanna e ciò che l'uomo incontra lo distrugge per sempre".

C'è una ragazza addormentata accanto a suo fratello e c'è chi sparge lacrime amare attorno al mondo. Ci sono i vagabondi di passaggio che ti sorridono guardando il cielo pieno di lacrime.

C'è chi accende il juke box delle memorie, delle speranze e dei grandi sogni, per dimenticare tutto ciò che risulta cupo nelle strade maledette dipinte di sangue. Sting & the Police, Mike Oldfield, Lou Reed & The Velvet Underground: le loro azioni non hanno altre ragioni che la prosperità, la pace e l'amore per tutti.

SAN FRANCISCO
FORTY NINERS
ROCK
QUEEN
U2
THE BEATLES

QUINTO CAPITOLO

Le leggende Pop♪♫Rock

ai confini della vita e del successo

Le turbolente odissee di Stars fanno vivere immaginazioni e magie contro il potere e contro l'apatìa generata dalla società dei consumi. Con il loro esempio ci si sente liberi contro il conformismo e la proprietà privata, ci si sente liberi per sensibilizzare la gente nei confronti dei problemi sociali, ci si sente liberi attraverso la nebbia e la pura follia.

Tra i vari locali alla moda e gli spazi vitali di grande impatto sociale, si possono notare stracci che vengono adattati alla propria personalità con aggiunte di ricami, disegni e patacche. Nel cuore della notte e nelle viscere del mattino, c'è chi viene svegliato da urla spaventose o da un nero ruggito e c'è chi si spoglia delle sue vesti bagnate di sudore Rock. In qualche angolo sperduto della strada, si possono notare sguardi curiosi verso il cielo, desideri infranti che vincono su silenzi fragorosi e l'oscurità che sopravanza l'alba. Si muore dalla voglia di vivere e di violentare la mente, distruggendo i *sentimenti più veri e sfondando le frontiere. Con l'arrivo del giorno finisce il fuoco delle passioni, i bambini gioiosi osservano il mare e risorge il cacciatore di ombre e di luci, incontrando il paradiso dei loro sogni. Madre terra li sta osservando per iniziare la danza dei loro piaceri. Trionfa la loro libertà di parola e la voglia di stupire, scegliendo la migliore strada e respirando il loro corpo imprigionato nel loro "io".*

La foschia del nuovo giorno li sta attraversando, non essendo più schiavi del gioco e della perversione. Questi esseri seguono con grande entusiasmo la Beat Generation: uomini con capelli a spazzola imprigionati in abiti grigi di fibra sintetica che ascoltano i Beatles & Rolling Stones. Nelle giornate fresche come l'azzurro cielo limpido staranno bene e riusciranno ancora a sorridere!? Nel frattempo inneggiano frasi del tipo"Le luci brilleranno più che mai quando saremo lassù", "un'altra casa vuota, un'altra strada chiusa", "un passo e poi l'inferno". Quando si fermerà il mondo attraverso le visioni dei loro pensieri si proveranno per lo più emozioni stracciate ed ossessioni sempre più vive!? Mentre qualcuno canticchia "niente è per sempre sotto la pioggia fredda di novembre", c'è chi cerca di provare a sentire il sole cosa dice oggi, ascoltando la Nannini o la Bertè.

Nelle mutazioni delle stagioni della vita e alla deriva delle loro passioni, le leggende Pop & Rock di tutti i tempi hanno scandito il loro campionario con ritratti di loro stessi in pose sempre diverse ed hanno rapito con il loro prestigioso talento milioni di anime pure di tutto il mondo. Nelle loro opere si respirano vibrazioni di pathos e tonalità di indifferenza, punte di espressionismo ed immagini di profonda comunicazione.

Oceani di sapienza e di eterna presenza, grandi manifesti pubblicitari, insegne di tour, inondano intere città alla ricerca del successo meritato e voluto.

Gli innamorati della luna ascoltano la musica dei Guns n'Roses, Metallica, Nirvana, R.E.M., danzando nel cuore della notte e gustando il sapore dell'anima. Si può notare come l'abbraccio della luna e il sorriso della luce possano benedire i veri artisti in tutti i loro passi. Poi si vede chi compra il proprio orgoglio e chi lo getta dalla finestra, chi si sveglia con le ali di un angelo per volare in alto e chi si fa delle passeggiate per conoscere il mondo.

C'è chi entra nella vita di un altro per diffondere miele nel sole, chi sente il respiro della vita addosso per provare nuove emozioni sulle note di Amy Winehouse, Adele o Lily Allen, e c'è chi ha trovato finalmente il suo paradiso Rock. Si respirano bagliori sfrangiati, turbini ipnotici e folli corse verso il successo. In questa immensità di piacere e di delirio musicale si possono cantare: onde distratte dalle barche a vela che vanno verso l'orizzonte, strade insanguinate dalla presenza delle iene, sguardi senza una meta, venticelli profumati, sorrisi imploranti e cuori infranti.

Nei brani di John lennon, Jimi Hendrix, Robert Plant, Lou Reed si possono visitare piccole città e grandi sogni con i viaggi attraverso il mondo della musica:

chi suona come se avesse avuto qualcosa da dimostrare e ci sono voci che tentano di mettersi a nudo, dimostrando un'onestà che tanti trovano contagiosa. Dichiarazioni dettate dal cuore e dall'anima si possono scovare in canzoni senza tempo di Bob Dylan, Joan Baez, Janis Joplin. I giovani cercano l'oblio nei frenetici cantanti Rock come Lou Reed, Jeff Buckley o Kurt Cobain. La notte s'impadronisce delle anime genuine e vere, ai confini di una realtà che diventa sempre più lontana tra punk-rock e bella gioventù, vivendo cocktail di passioni e di forti emozioni. Si vedono ragazzi alla ricerca di una loro filosofia di vita e riescono a scovarla finalmente nell'anima del nostro amico Rock. Rifiutano la società integrata, come fecero a loro tempo i figli dei fiori e gli hippies: preferiscono vivere nelle isole dell'amicizia e del piacere e si tuffano nei deliri e nelle libidini della notte, ascoltando gli Who, Kinks, Yes o Eagles.

U2
MUSE
LED ZEPPELIN
BRUCE SPRINGSTEEN
100

SESTO CAPITOLO

I Segni dell'evoluzione Pop♫♫Rock

I segni dell'evoluzione Pop♫Rock si vivono e si percepiscono in tutti gli angoli della città: ai giovani come agli hippies piace peccare, esortare il concetto dell'amore libero e dell'intimità sessuale. Gli impegni nella lotta dell'essere e dell'apparire, le tentazioni giovanili, la lussuria bestiale sono le spinte principali di questi esseri pieni di vigore e di speranze. Una gente tutta colorata che cerca quel profondo senso di pace e di armonia anche per concretizzare nuove prospettive di vita: una varietà di soggetti vivaci che preferisce suonare, fare del sesso ed amare alla follia.

Il poeta musicale gioca con le nostre emozioni Pop♫Rock: chi chiude gli occhi in un armadio, chi fa rumore per non essere sommerso dal brutale silenzio della notte, chi piange e chi suona l'allarme per chiedere aiuto alla gioia, chi ambisce a qualcosa e chi perde tutto, chi lotta per tenersi un amore leggendario, chi cerca e vuole magia in ogni luogo per tenersi in vita, perché è la vita che sta cercando.

Si vedono proiettori puntati sul sudore di un cantante sbadato sul palco della notte, mentre il suo collega prende una dura decisione per non soffrire più in quella valle di lacrime. C'è chi si sveglia da 1000 sogni, divorando il mondo senza una precisa meta, chi non ha più tensioni nella sua memoria, chi visita e gradisce la magia per conquistare le stelle della vita e chi vorrebbe essere un guerriero per ogni brano che riesce a cantare. C'è chi ha talento e quello soltanto e chi si perde nelle futilità del dolore perché divorato dall'ignoranza.

Si vedono anche alberi che aspettano il vento dell'amicizia per insegnare un pò di libertà ai bimbi pieni di luce, sulle note Pop degli A-ha, Abba, Spandau Ballet o Duran Duran.

C'è chi decide di essere un eroe e chi sceglie di vivere nella semplicità dei gesti, raccontando diari di viaggio nelle tenebre del giorno. C'è chi segue i Pearl Jam, Linkin Park, Alice in Chains o Sound Garden, provando dei dolcissimi lamenti di gioia e di libertà. Chi riesce a scovare il momento giusto per stare sotto un cielo rosso sangue e chi canta una canzone dei Pink Floyd o dei Led Zeppelin per danzare nel buio della sua tristezza, ma riesce a rialzarsi eliminandola del tutto. Chi trova la gloria sulle note di Cèlin Dion, Mariah Carey o Kyle Minogue e chi prova la *disperazione sulla propria pelle cantando un brano di Jim Morrison. Chi trova tempo per il dolore e chi sorride alla vergogna, chi scopre la capacità di liberarsi dal nulla e chi incontra di tutto accanto alla ruota dei sogni. C'è chi apre le porte dei desideri e chi chiude gli occhi alla felicità. E poi c'è chi sigilla le finestre per non far passare la luce della noia, ascoltando Bonnie Tyler, Alanis Morissette o Tina Turner.*

C'è inoltre chi cerca il Rock sulle note dei Genesis o degli U2 e chi ammazza il tempo ascoltando il Pop di Annie Lennox, Cindy Lauper, Whitney Houston o di Madonna.

Le anime solitarie nella notte dei pensieri scoprono che la bellezza gioca a fare il pagliaccio imitando se stessa senza scrupoli. Con la musica Pop♫ Rock si vivono passioni oltre i confini e terre assetate di calore umano, scoprendo che certi giorni sono migliori di altri e che certe notti acquistano la serenità di sempre. Ed in mezzo a questo oceano di piacevoli suoni si può trovare anche chi riesce a soddisfare le promesse disattese, trovandosi immerso in acque silenti e brillanti o in campi bagnati di pioggia musicale. Si intravedono giovani seduti sulla nostra stella privata ed altri confusi come dei bimbi appena nati; se ne vedono altri che svolazzano sulla porta di zucchero, suonando le canzoni di Vasco Rossi, Piero Pelù, Celentano o Ligabue.

C'è chi nasconde le proprie paure per salvarsi la faccia, chi esterna gesti profondi e sinceri per bruciare le menzogne altrui e chi vende i suoi averi per ottenere i sorrisi di George Michael, Robbie Williams o di Mika. E poi c'è chi si nutre di musica per salvarsi dalle cattiverie altrui ascoltando i Nazareth, Scorpions o Supertramp e chi dà gli ultimi sguardi alla meraviglia del suono di Jimi Hendrix o di Santana.

QUEEN
LIGABUE
SECONDO LIGABUE
TEMPO LIGABUE
GREEN DAY
U2

SETTIMO CAPITOLO

Gocce di vita e di piacere Pop♫Rock

♫ *Il respiro dell'anima e l'adrenalina musicale, che scorrono nelle vene dei nostri pensieri, fanno nascere straordinarie combinazioni di trionfi e di tragedie Pop♫Rock.*

♪♫ *In diverse leggende della musica si notano delle invidiabili doti; in loro la creatività artistica e quella letteraria sono strettamente legate dal loro estro senza controllo.*

♪♫*Ogni goccia del destino bacia le coscienze di Artisti in difficoltà, perché sono le vere anime della voglia di farcela sempre.*

♪♫ *Chi abbandona le città per viaggiare senza alcuna meta, sceglierà spesso la strada dei grandi sogni, respingendo quella dei piccoli tormenti.*

♪♫ *Si possono scorgere con grande sorpresa le magie di alcuni luoghi senza nome, soltanto se le loro emozioni sono all'altezza dei nostri sogni Pop♪♫Rock.*

♫♫*Gli amanti della pace e della fratellanza saranno gli unici ad avere la meglio sui grandi precursori delle battaglie di poco conto, perché ritrovano nella quiete l'essenza dell'Arte e della Musica.*

♫ *Gli artisti in cerca del successo spietato e ingiusto saranno i primi ad esserne inghiottiti senza grandi risultati.*

♫ *Chi raccoglie i bisogni di intere comunità musicali non ha nulla da invidiare a chi li spreca senza alcuno scrupolo*

♪♫*Magiche atmosfere di incantevoli posti da ammirare e da lodare saranno sempre le mete di coloro che sanno sognare la musica ad occhi aperti.*

♪♫*Le giovani Band che si scatenato tanto per conquistare un briciolo di notorietà non saranno mai all'altezza di icone Rock che hanno lasciato un segno indelebile.*

♫ *Chi canta i primi passeri di primavera in fondo al cuore di magnifici posti, vedrà sempre il fiume che corre verso il mare della gioia musicale.*

♫ *L'ombra del pop si allunga mentre il sole sprofonda nel mare del Rock per dar luce alle nostre emozioni.*

♪♫*La tempesta musicale che si scatena negli occhi di un bimbo acquista sfumature di blue e di rosso che abbracciano il cuore e l'anima di chi veramente vale.*

♪♫*Chi cerca continuamente gradevoli tassi di gioia finirà per vivere in mondi sommersi dalla noia, se non ascolta buona musica.*

♪♫ *Al confine dei nostri brutti pensieri si rischia di scivolare sull'erba dei campi bagnati dal malessere.*

♪♫ *Nelle varie ipocrisie artistiche si troveranno sempre dei cerchi che perderanno i loro centri perché hanno smarrito i loro sensi.*

♪♫ *Chi non ha la capacità di invecchiare*

non scoverà mai quei preziosi tasselli che

mancano per completare i grandi puzzle

della sua sudata gioventù Pop♪ ♫Rock.

♪♫ *Nelle fiere dei buoni sentimenti, chi*

cerca di anticipare i tempi musicali

rischia di distruggerli tra le sue menti.

♪♫*Chi riesce a sopravvivere alle sconfitte può tranquillamente urlare al vento la sua dannata gioia di vivere tra le magiche note musicali di sempre.*

♪♫*Gli atti di comune gentilezza che contrassegnano i giorni dell'esistenza Pop♪♫Rock sono i più graditi ai posteri.*

♪♫*Nella nostra fantastica esistenza troveremo sempre chi cammina su un arcobaleno e chi corre sul filo di una canzone Pop o di un brano Rock.*

♪♫*Nel nostro faticoso cammino vitale troveremo spesso gli strumenti Pop & Rock con cui si può plasmare la gioia e la libertà nei singoli individui e nelle varie specie musicali.*

♫ *I cuori giovani ed impazziti appartengono per lo più ad amorevoli forze umane che lavorano da un artista all'altro.*

♪♫ *Salutari monumenti di orgoglio non porteranno sempre a grandi progetti, a grandi istituzioni, a grandi emozioni e a grandi cose.*

♪♫ *Piccole o medie gocce di felicità possono sussistere sia in raduni di vecchie glorie che in dilettanti allo sbaraglio*

♪♫ *Non esiste grande talento senza forza di volontà, ma può esserci una verdeggiante voglia di creare che vela la campagna degli artisti Pop & Rock.*

♪♫ *Tra gli impegni, i sacrifici e le tante difficoltà della vita si possono scovare la liberazione delle donne e la sconfitta dell'odio e della povertà: obiettivi raggiungibili soltanto attraverso le gioie musicali, culturali ed artistiche.*

♪♫ *Il tempo dedicato alla buona musica si prende cura delle ferite, sia nelle amicizie distrutte da storie futili che in quelle che hanno il gusto del vino d'annata.*

♪♫ *Chi ha la gioia di compiere atti gentili ed imprese musicali di rilievo, riuscirà a domare i venti, le onde, le correnti e le gravità della vita.*

♪♫ *Il fragile inizio di una vita Pop♪ ♫Rock nuova e migliore si compierà sempre dopo periodi pieni di luci e di ombre.*

♪♫ *Chi prova spesso la gioia di compiere un atto gentile non ha nulla da invidiare a chi distrugge tutto ciò che di più caro al mondo.*

♪♫ *Chi si prodiga per il futuro esterna sequenze di piccole gentilezze che fanno bene alla vita di ogni singolo attimo Pop♪ ♫Rock.*

♪♫ *Chi vuol aprire le porte alla felicità del suono Pop♪ ♫Rock sigilla sempre le finestre per non far passare la luce della noia.*

POP♫♫ ROCK ♫♫ *David Bowie* ♫♫ Muse ♫♫ *Michael Jackson*

♫♫♫ *Madonna*♫♫ *Eric Clapton* ♫♫♫ *Joe Cocker* ♫♫*Deep Purple*

♫♫♫ *The Clash*♫♫♫ *Sex Pistols* ♫♫♫ Adriano Celentano ♫♫♫ Nomadi

♫♫♫ R.E.M ♫♫♫*John Lennon* ♫♫♫*Beatles* ♫♫*Dire Straits*

♫♫♫ Rolling Stones ♫♫♫ Metallica ♫♫♫ Aerosmith

♫♫♫ Green Day♫♫ Jeff Buckley♫♫♫ Smashing Pumpkins

♫♫♫ Skunk Anansie ♫♫♫ *Gianna nannini* ♫♫♫ *Jovanotti* ♫♫ Litfiba ♫♫♫ Genesis♫♫♫ George Michael♫♫♫ Duran Duran ♫♫♫ Ligabue ♫♫♫ Prince ♫♫♫ Pink Floyd ♫♫♫ Queen ♫♫♫ Beach Boys ♫♫♫ Shania twain

♫♫♫ Jefferson Airplaine♫♫♫ U2 ♫♫♫ Deep Purple ♫♫♫ Ivano Fossati ♫♫♫ PFM♫♫♫ Led Zeppelin ♫♫♫ Black Sabbath ♫♫♫ Ozzy Osbourne

♫♫♫ Nirvana

and many others..

Le note e le pagine Pop♪♫Rock dai colori più svariati, dalle forme e dai contenuti più invitanti, si aprono, si sfogliano, si leggono, si amano e poi si chiudono con la speranza e il desiderio di rileggerle nuovamente, con la stessa passione che si era presentata inizialmente.

Francesco Primerano